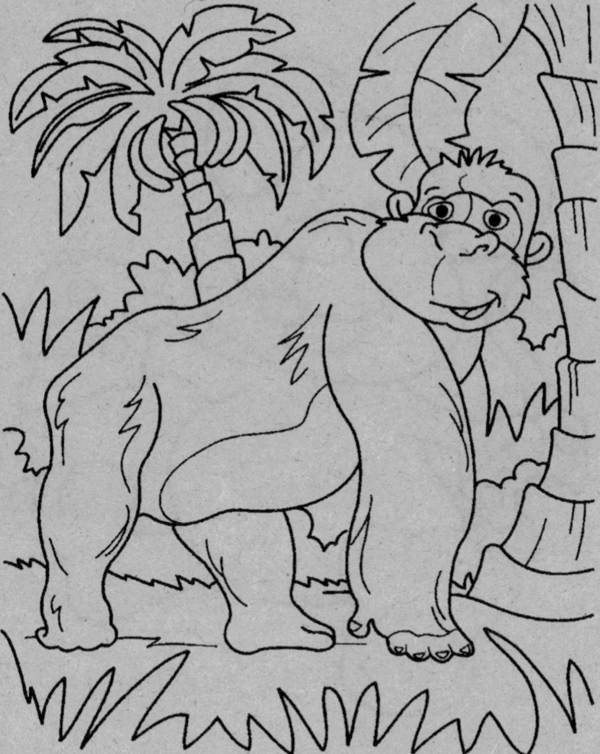

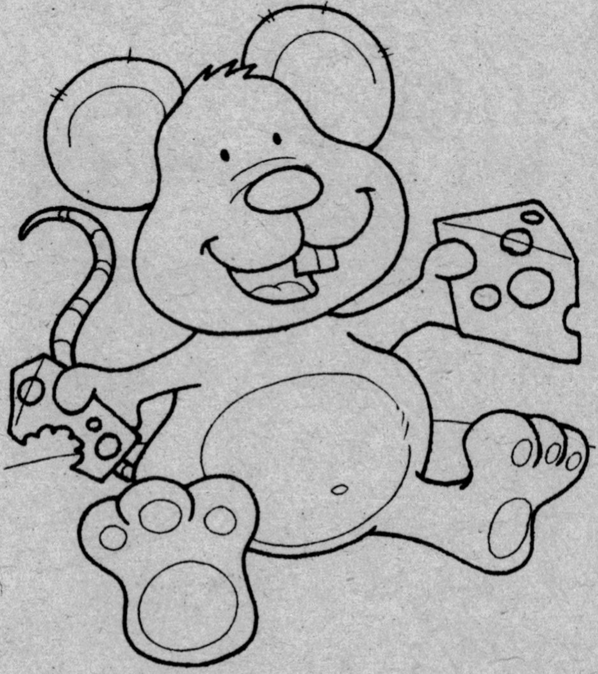

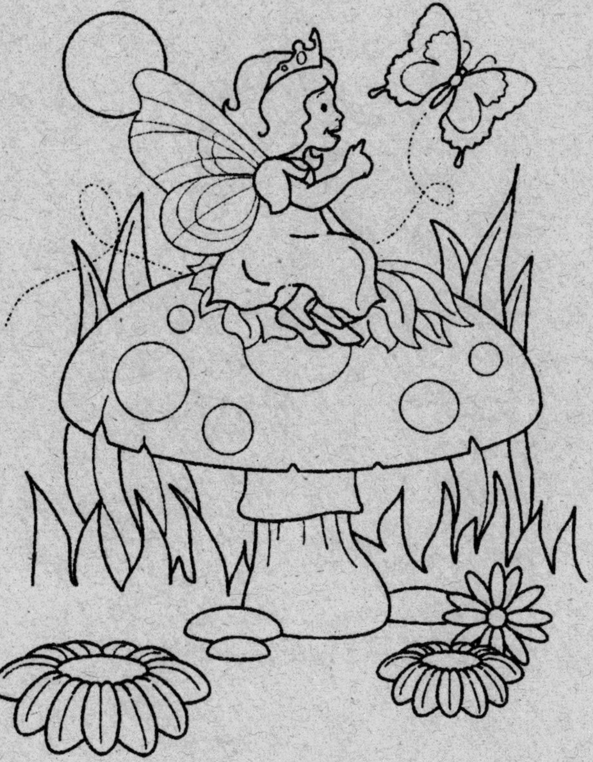

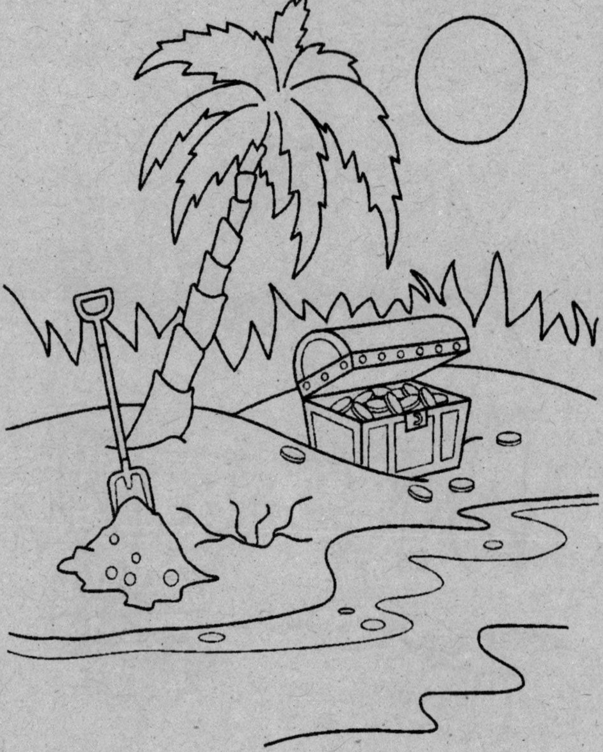

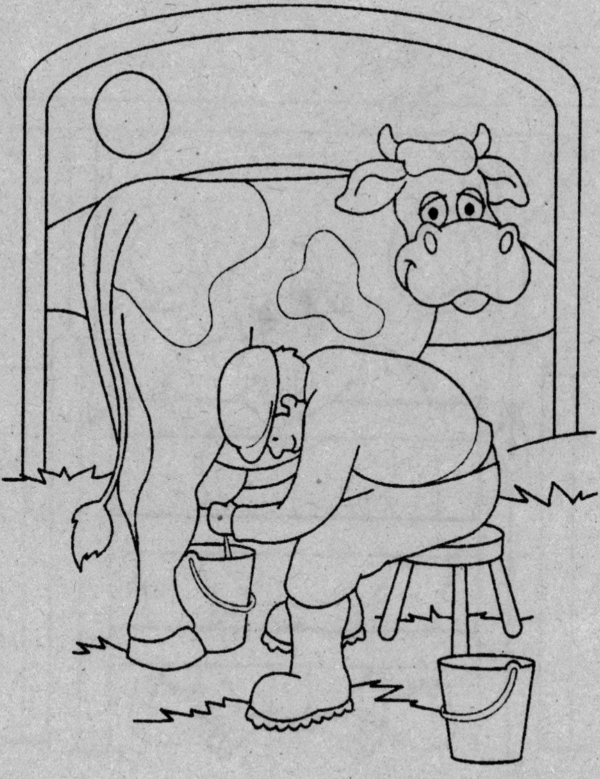

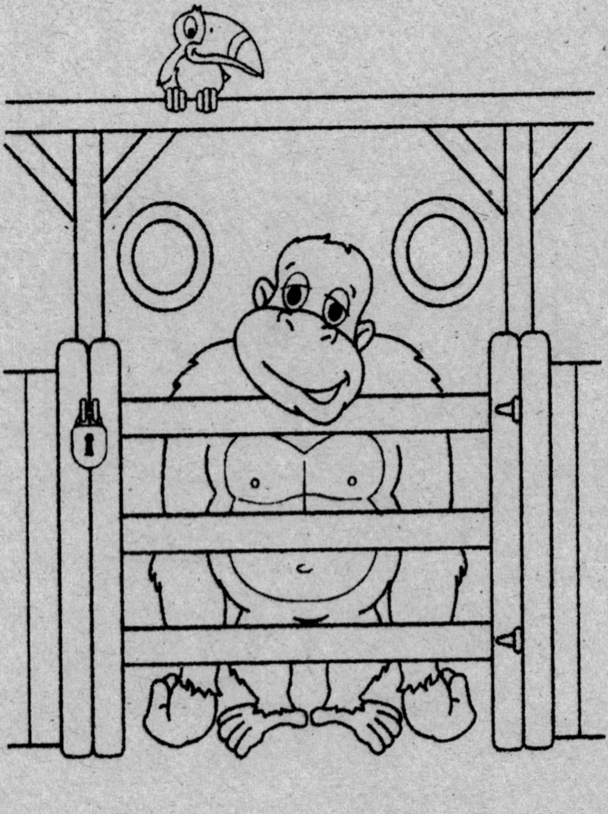

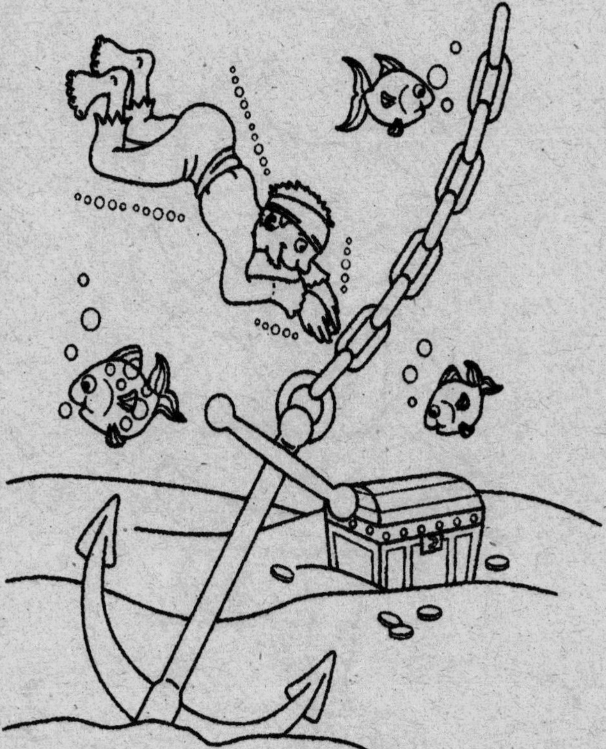

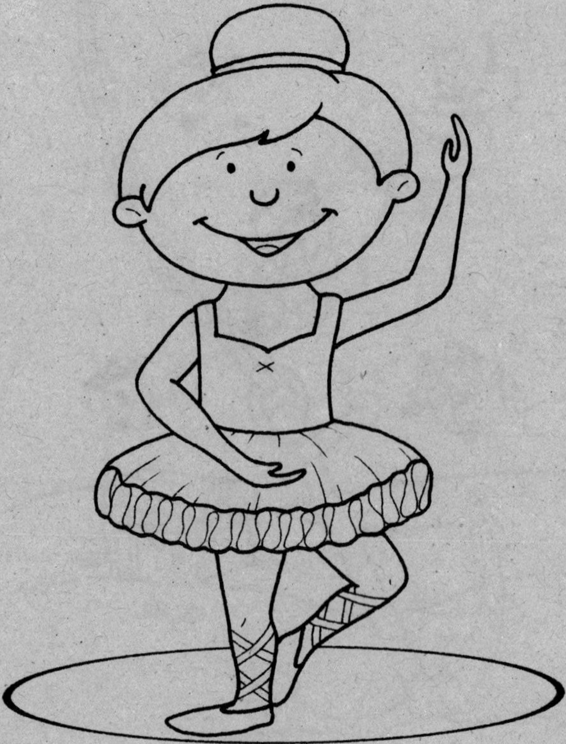

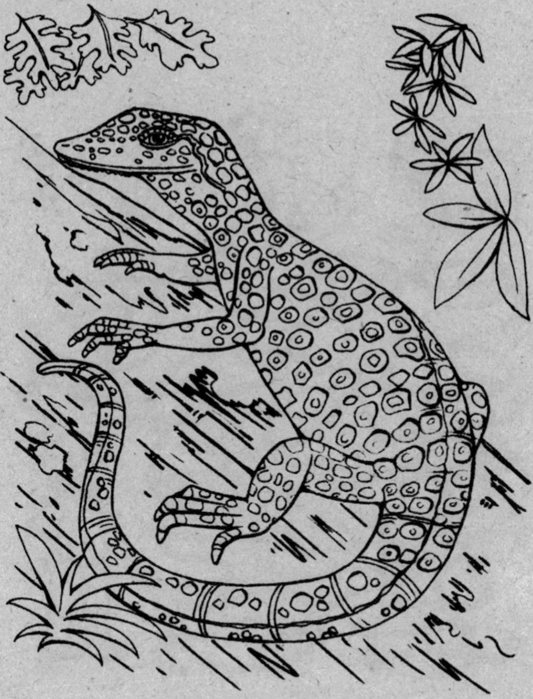

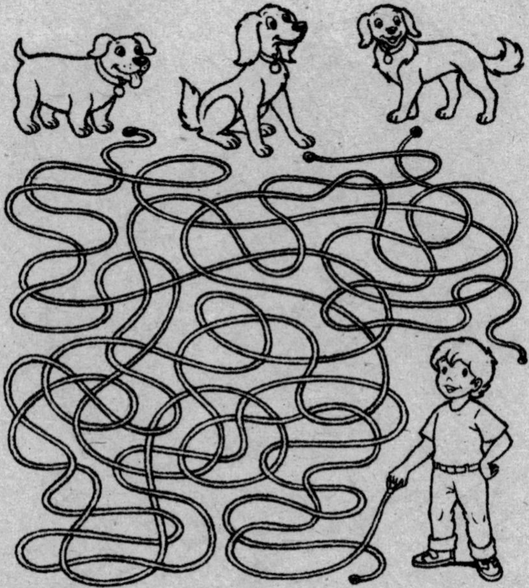

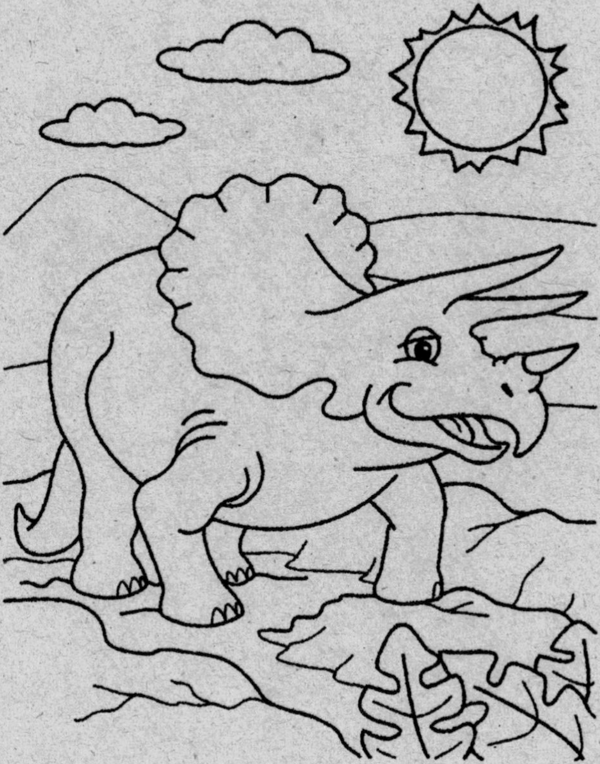

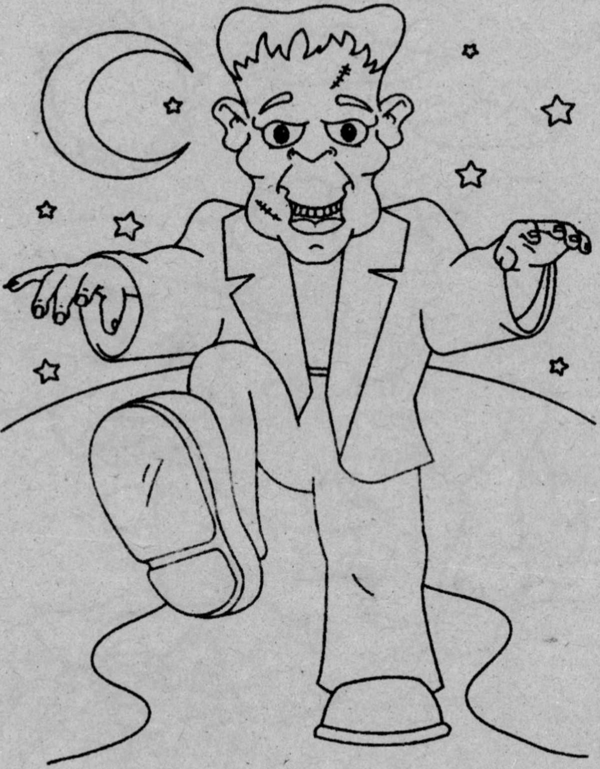

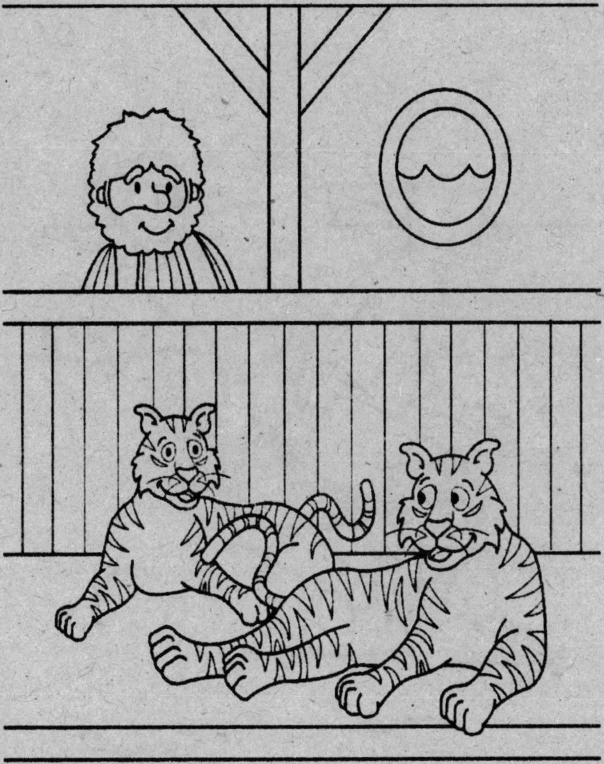

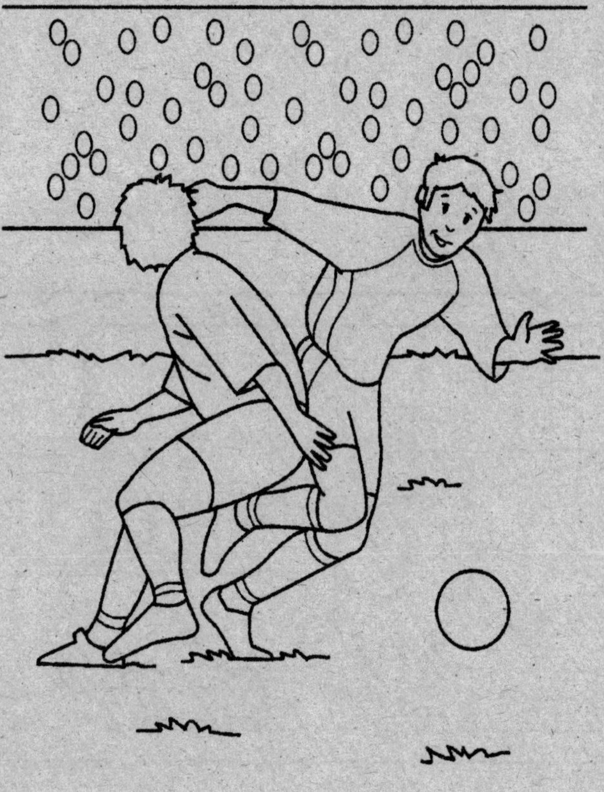

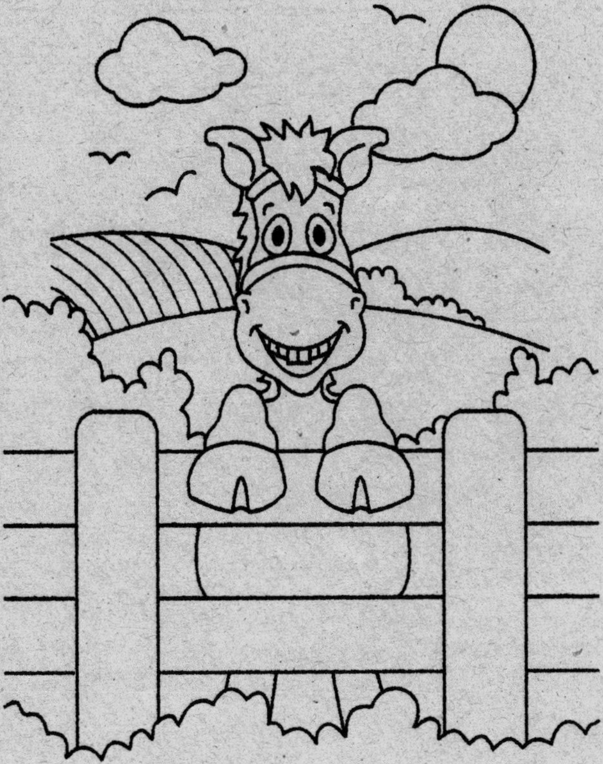

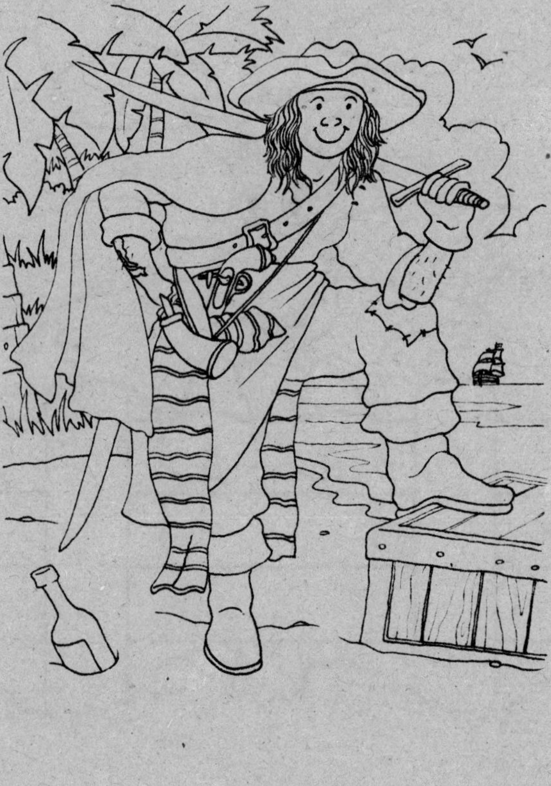

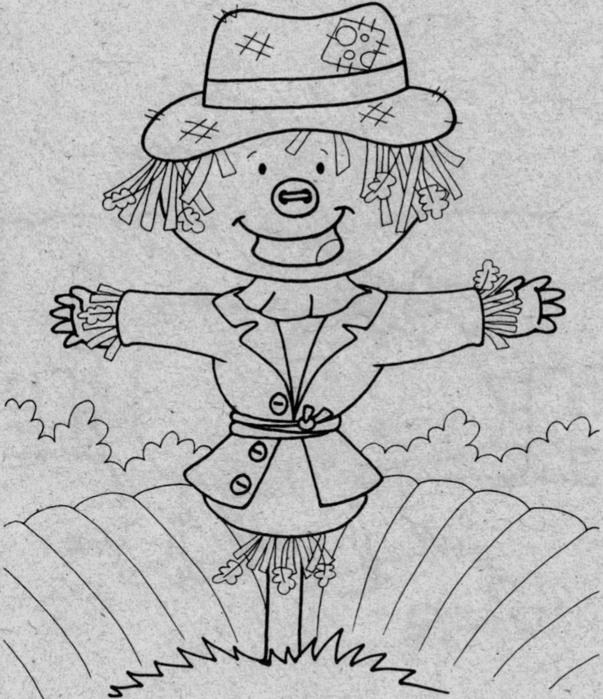

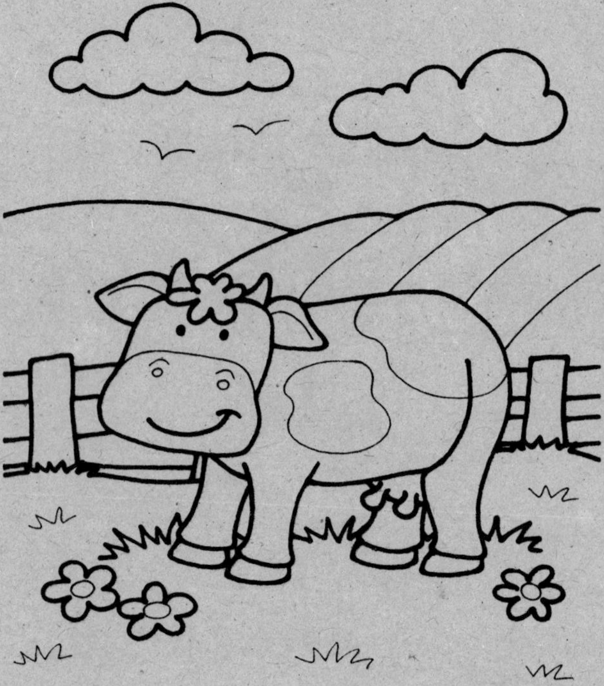

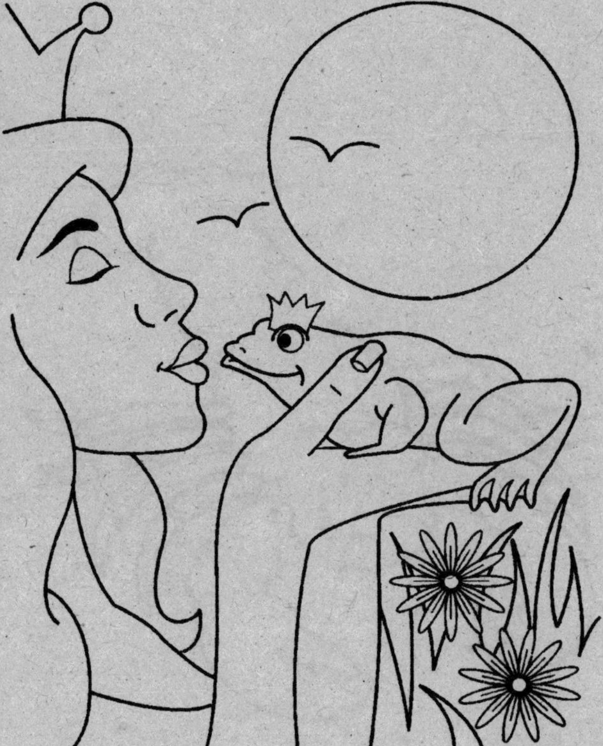

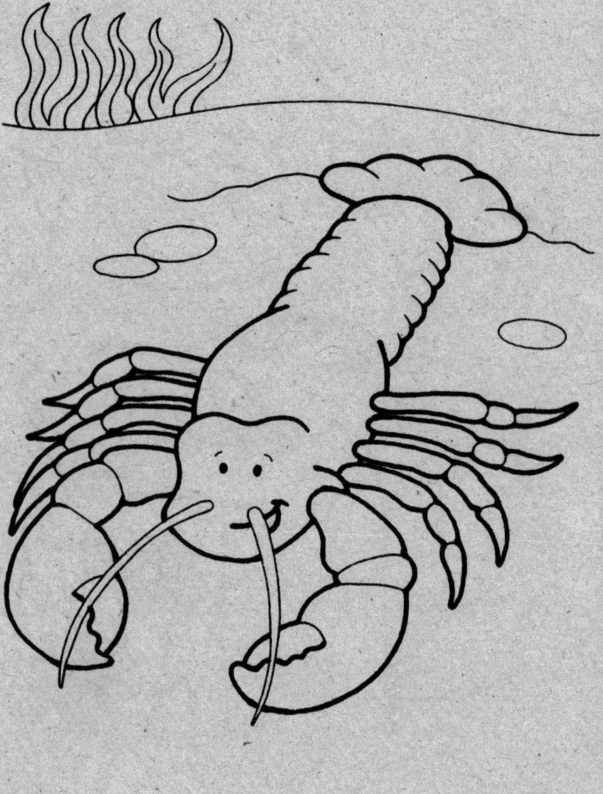

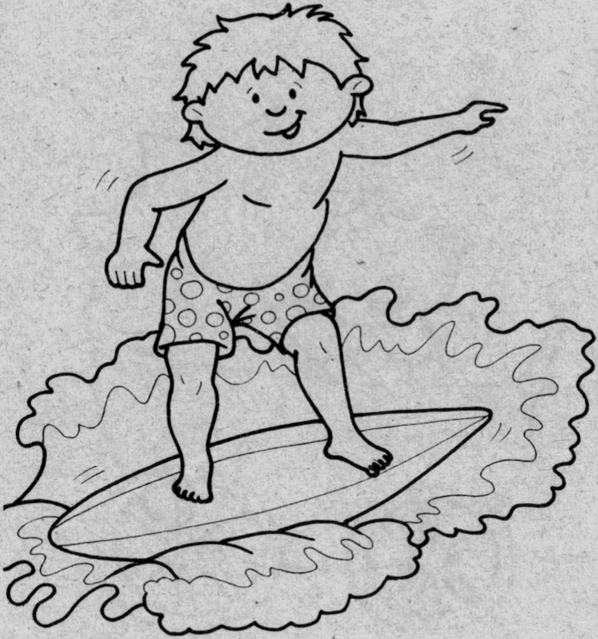

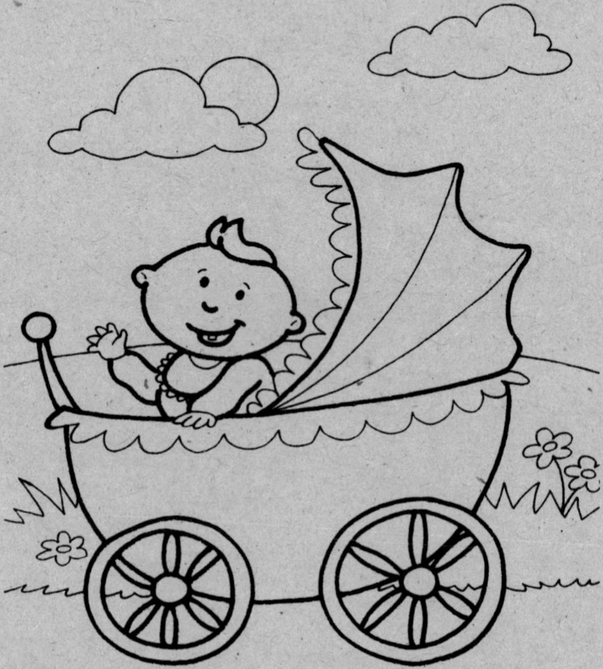

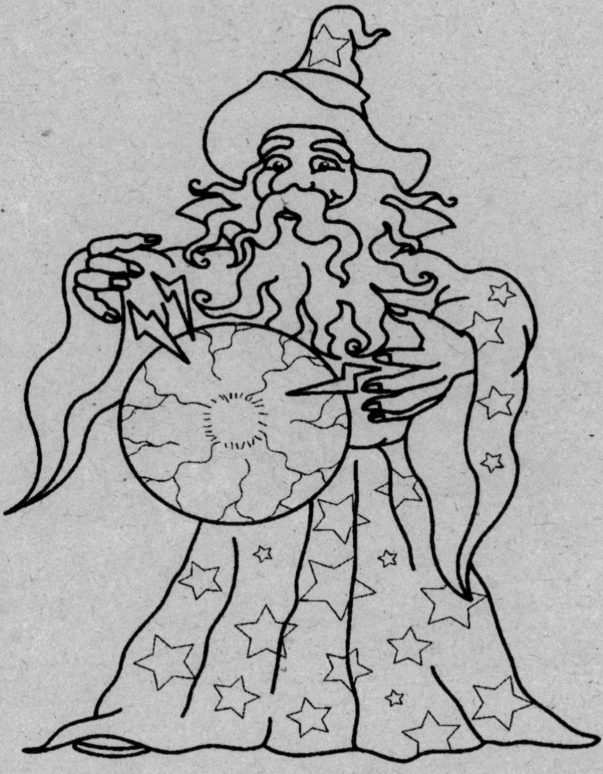

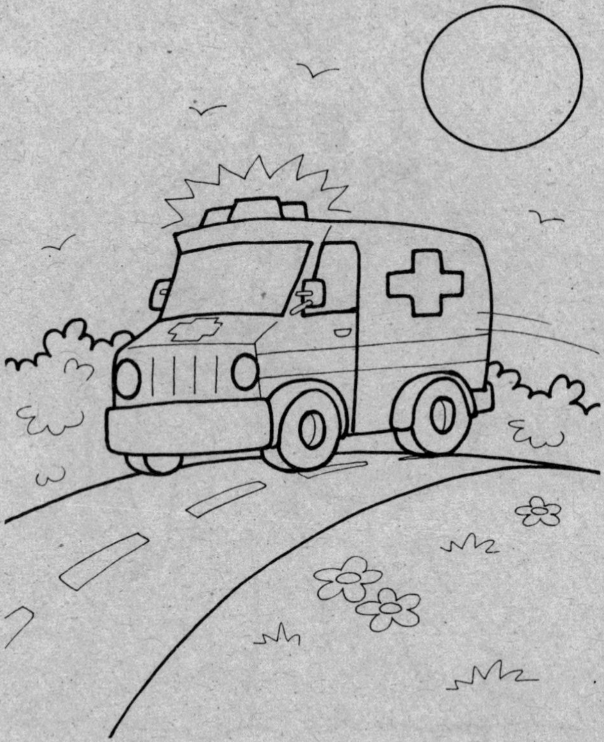

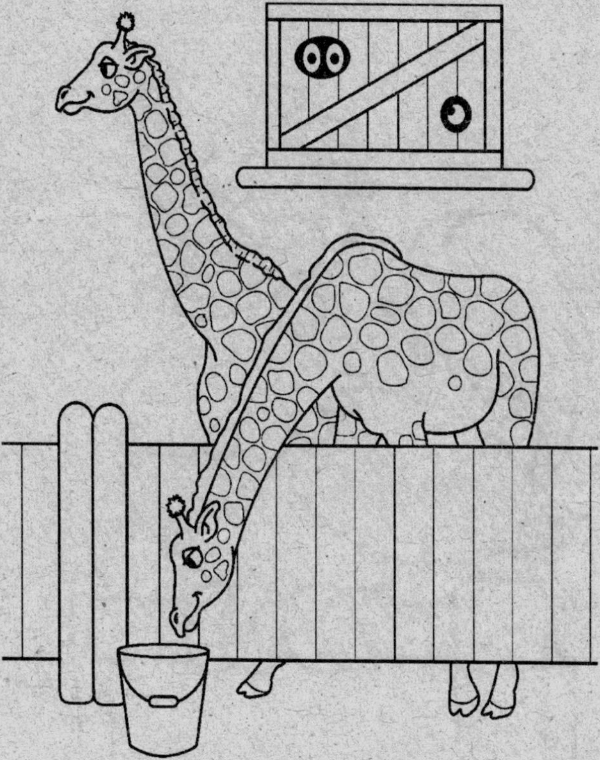

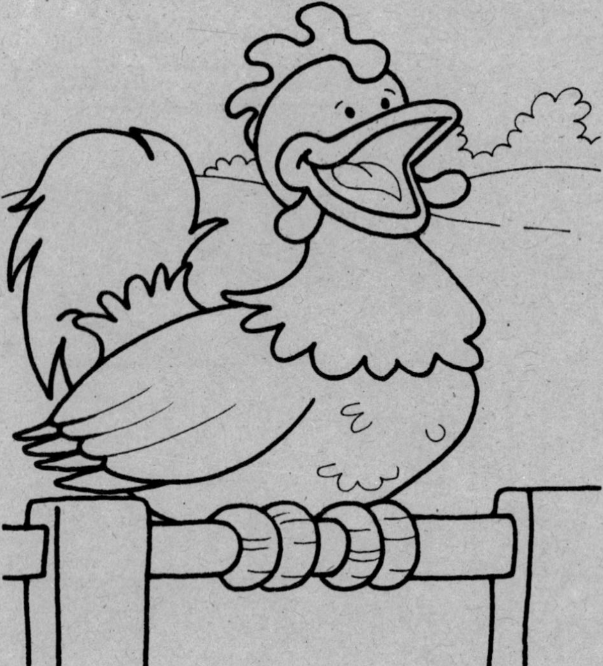

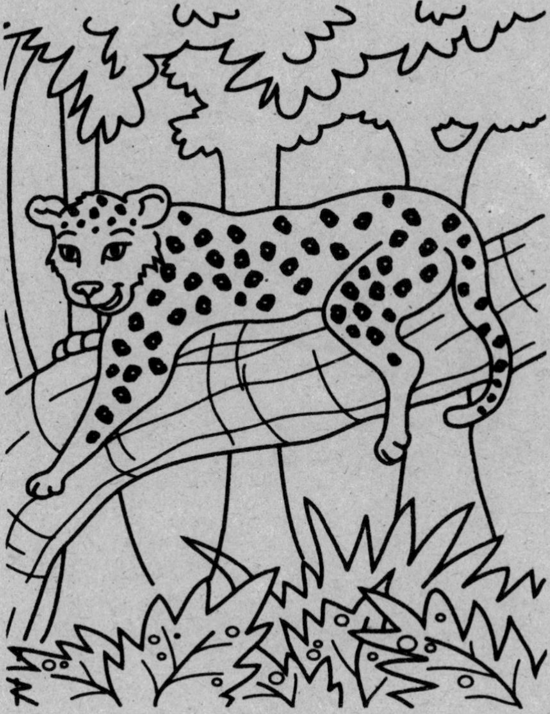

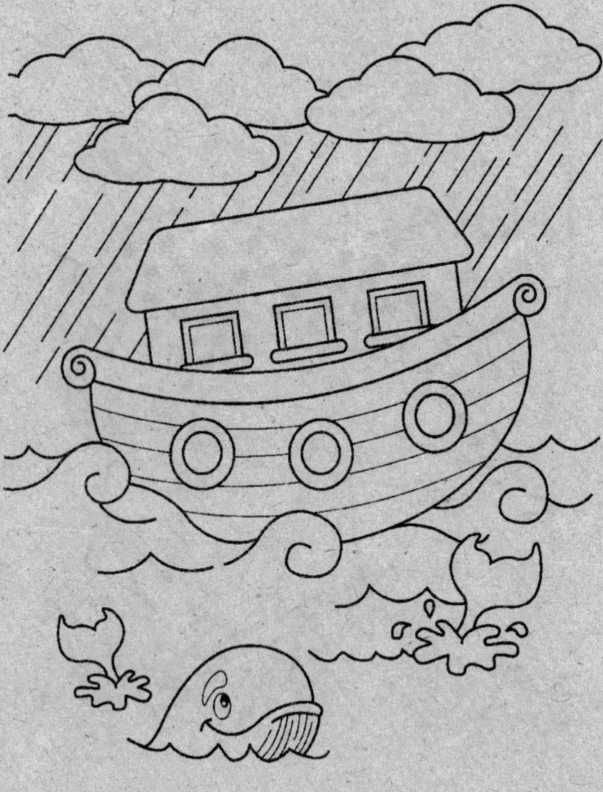

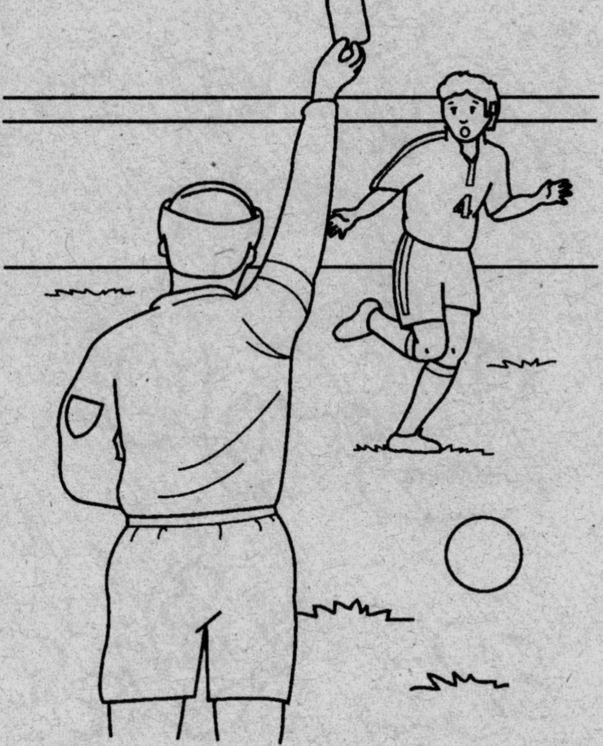
4

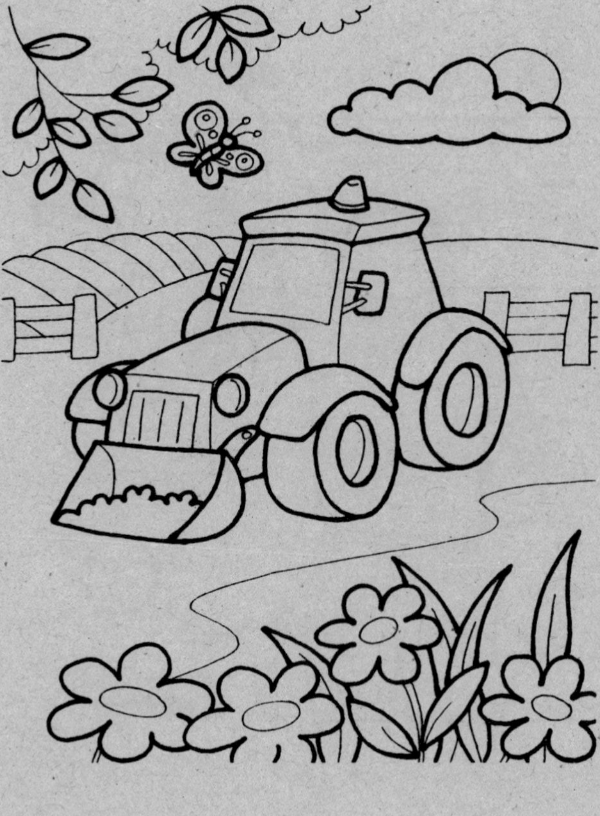

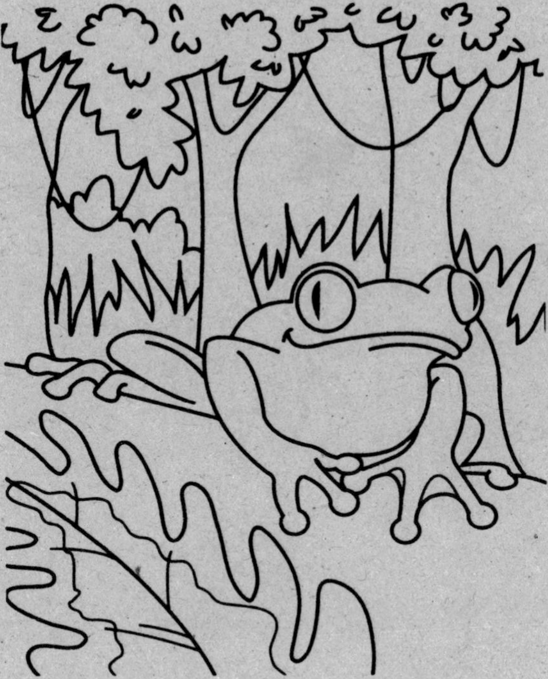

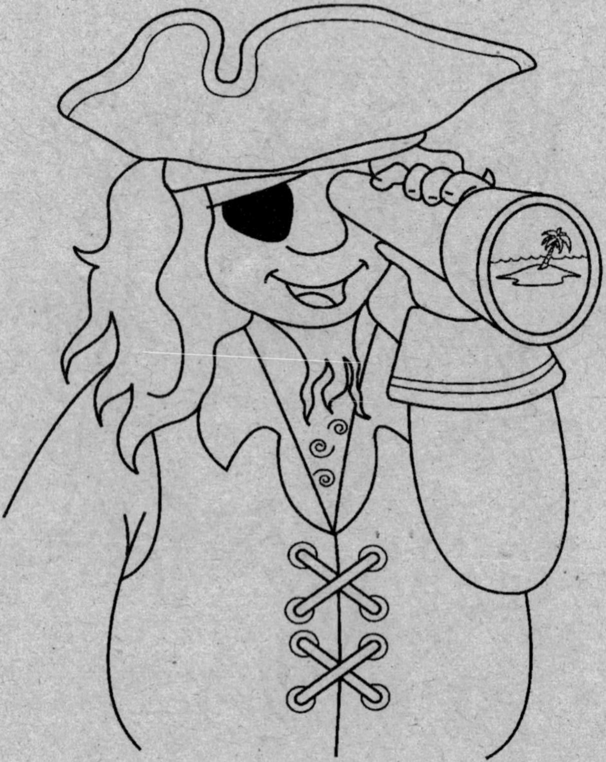

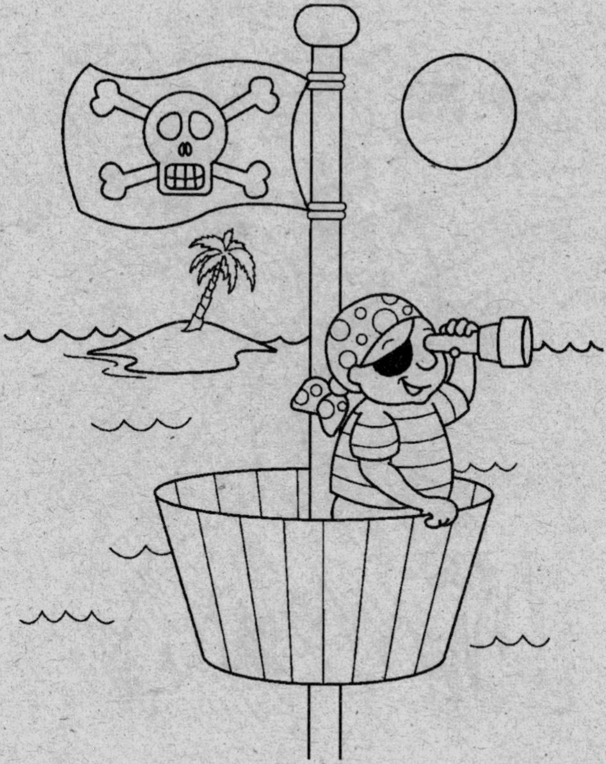

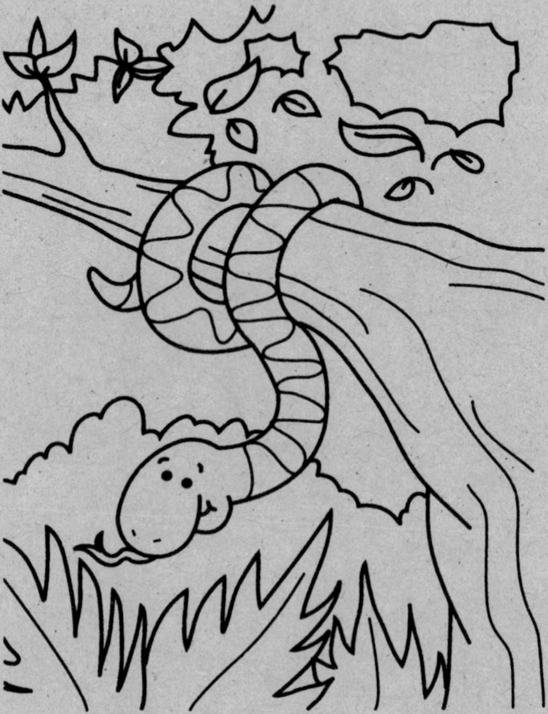

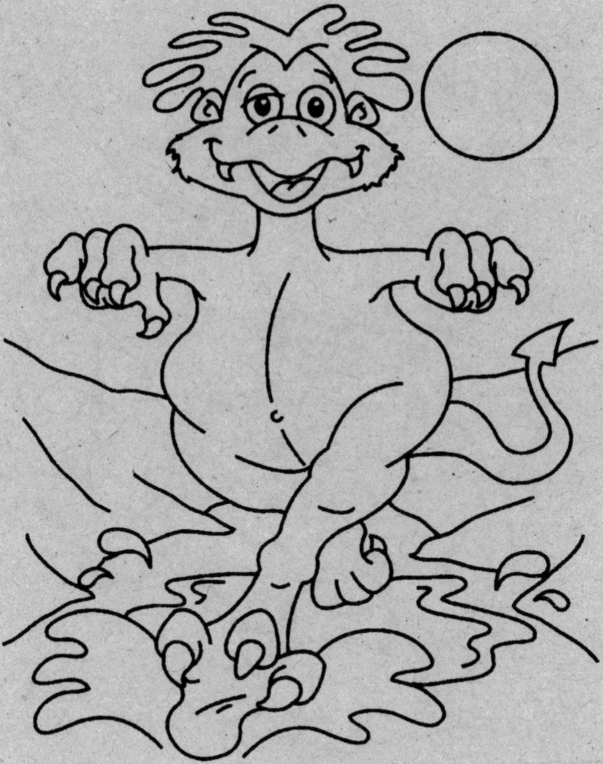

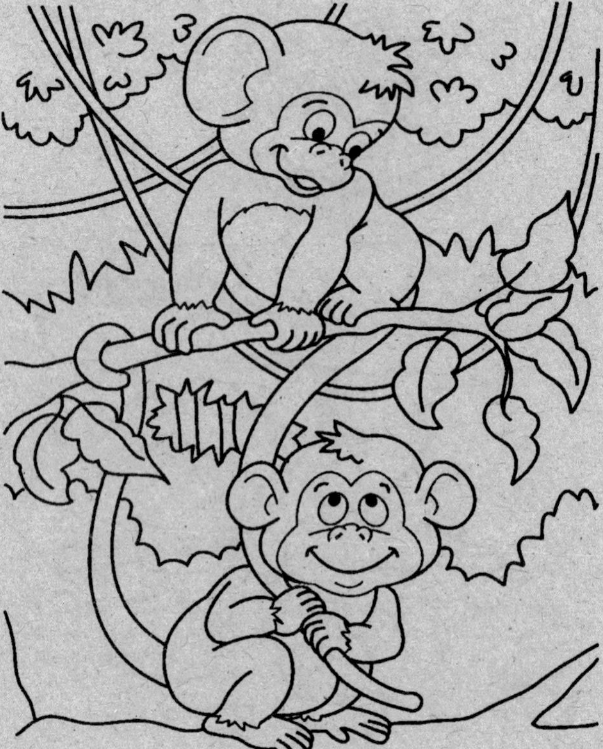

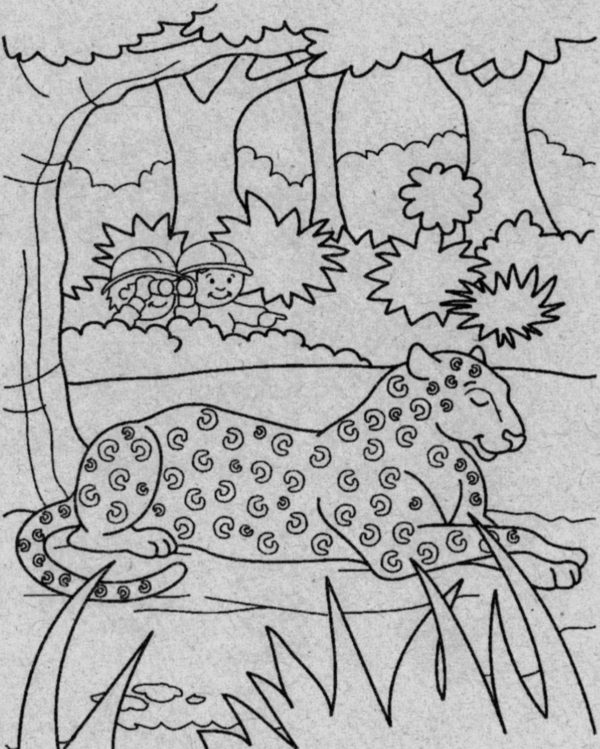

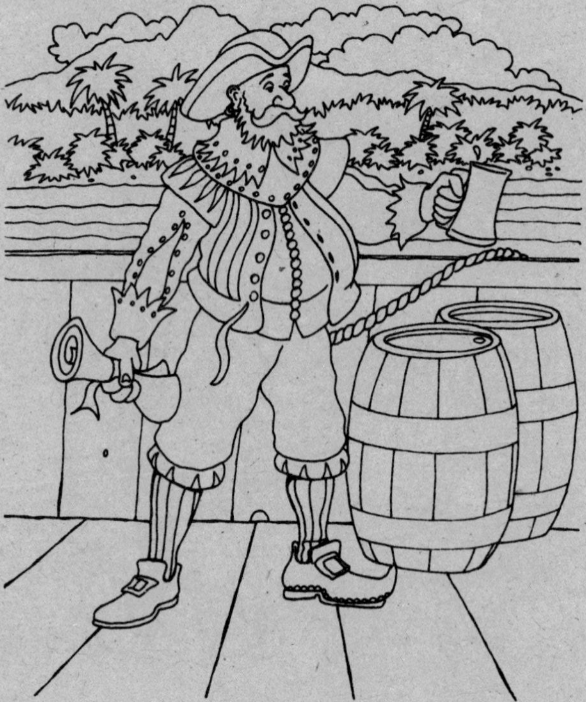

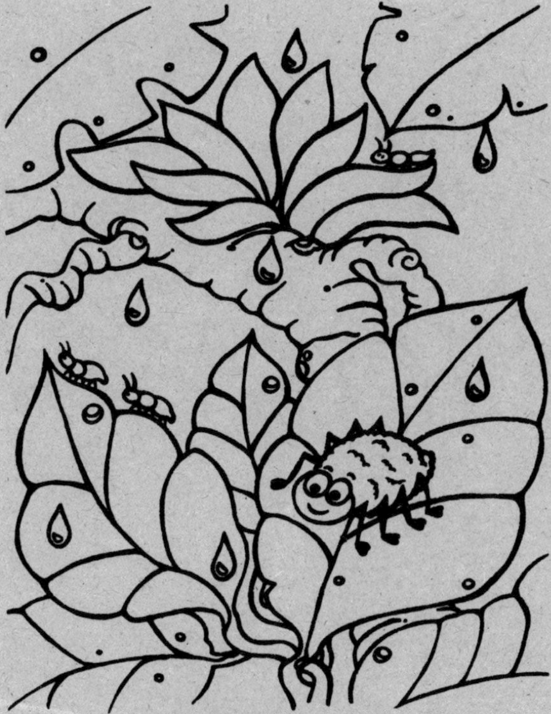

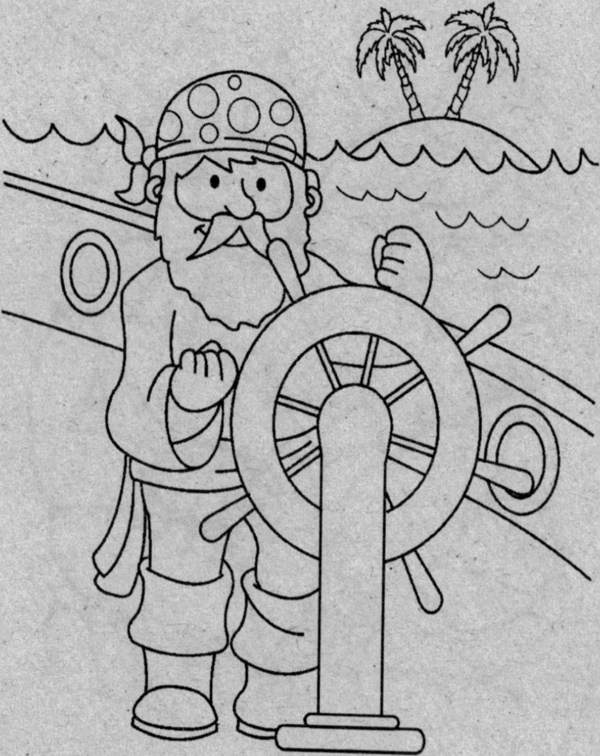

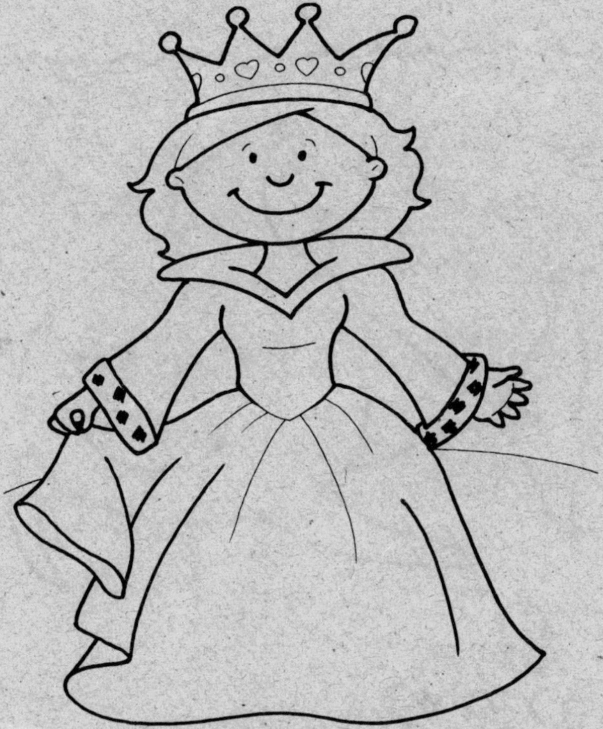

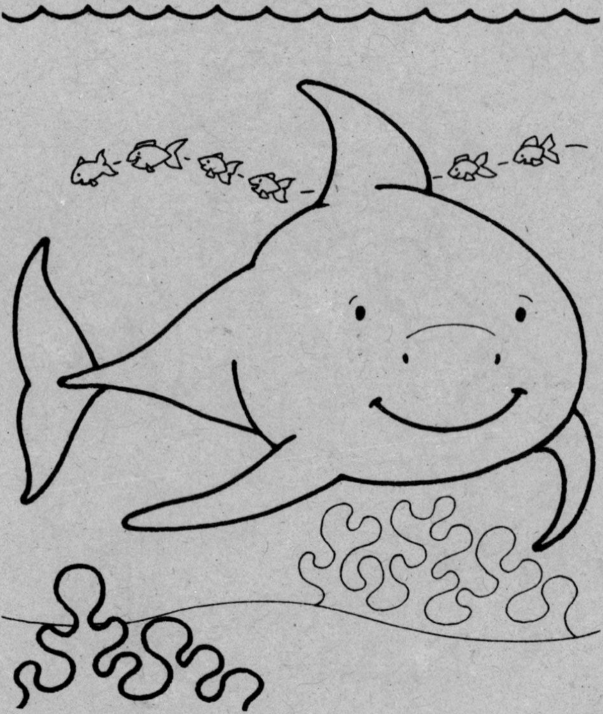

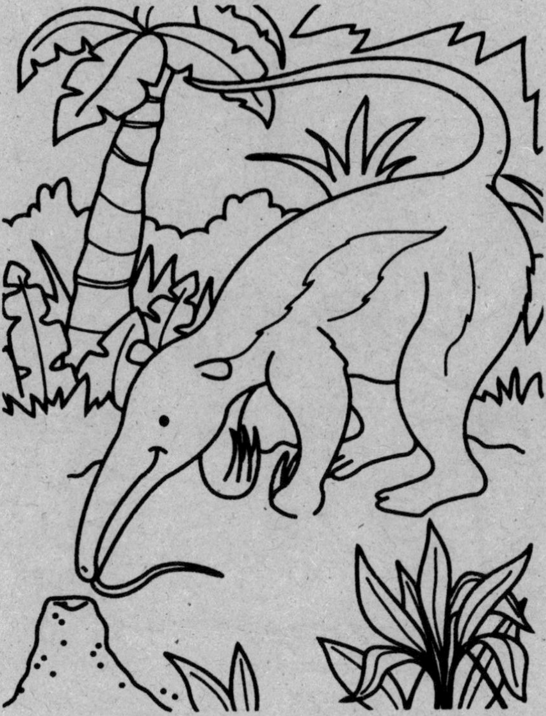

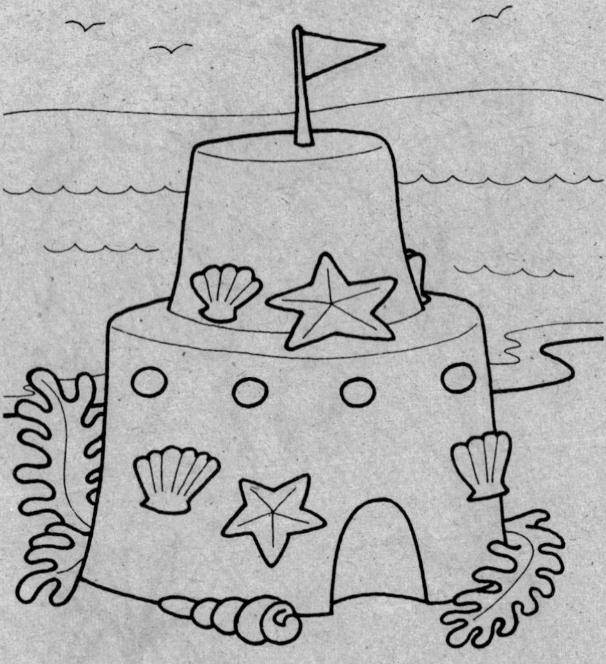

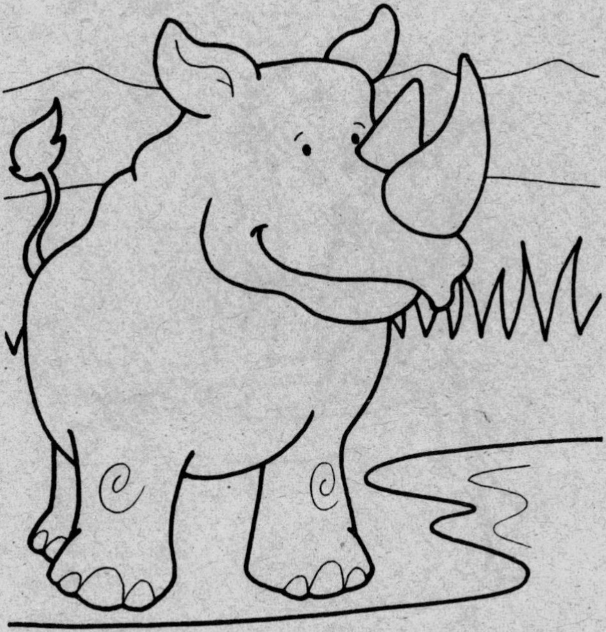

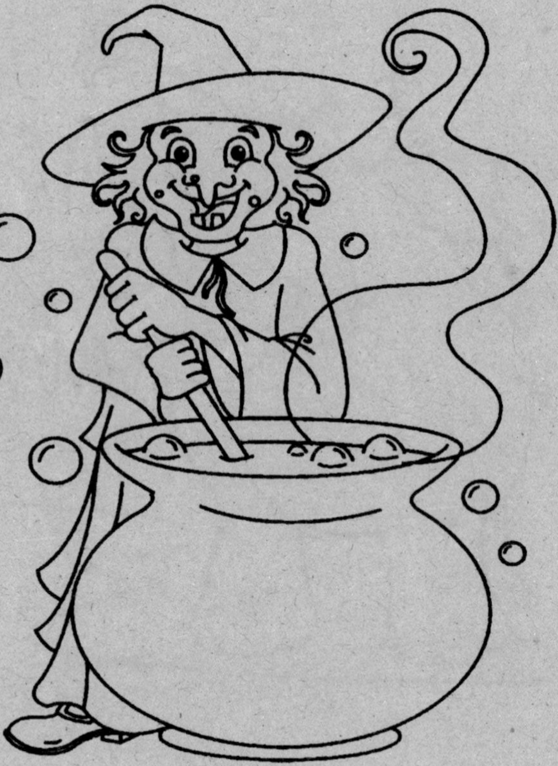

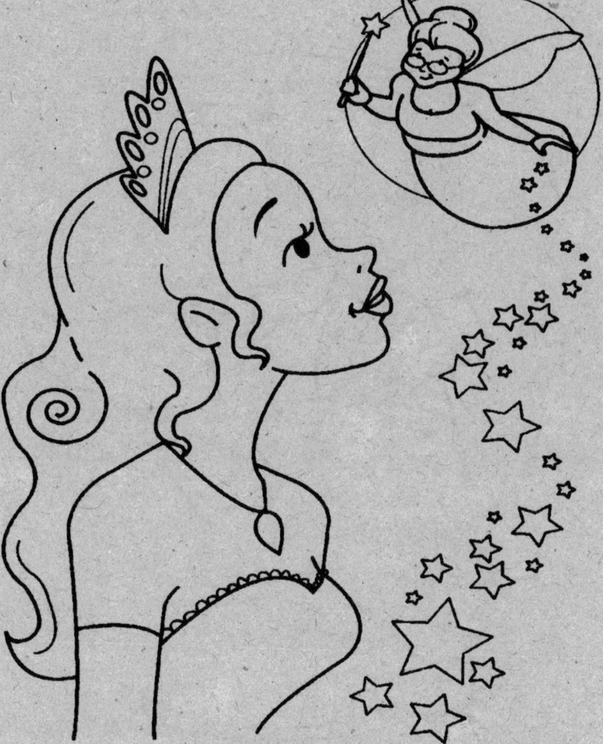

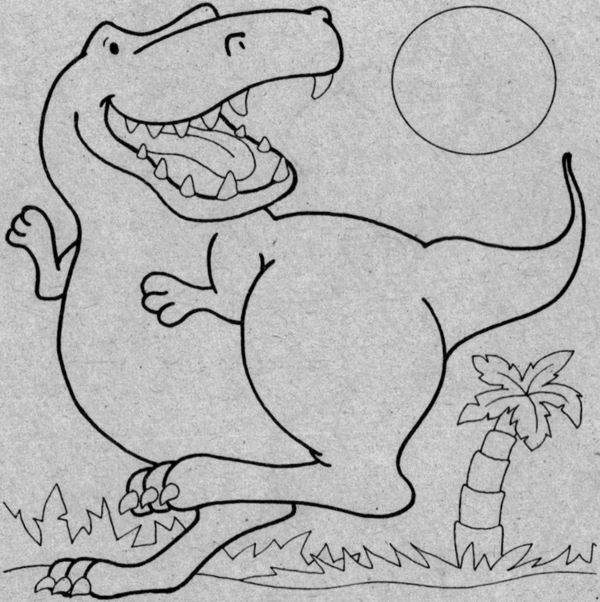

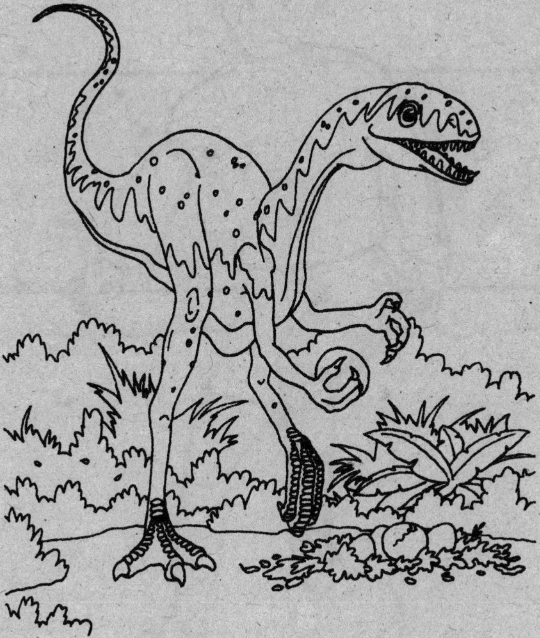

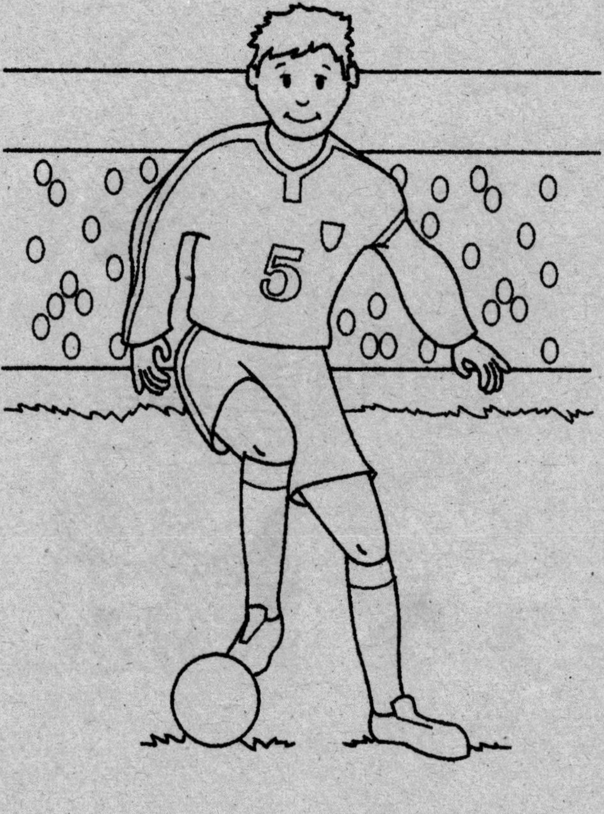
5

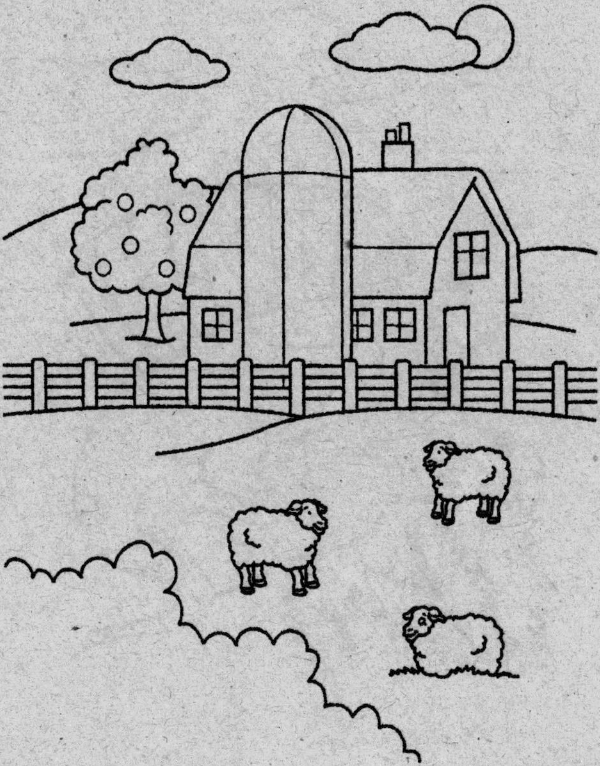

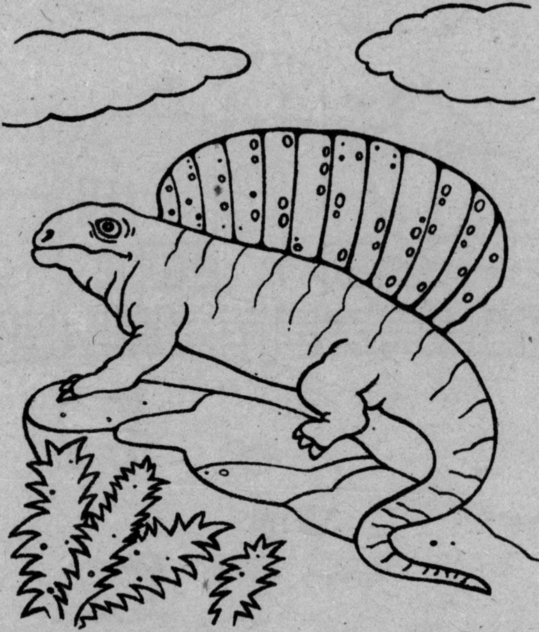

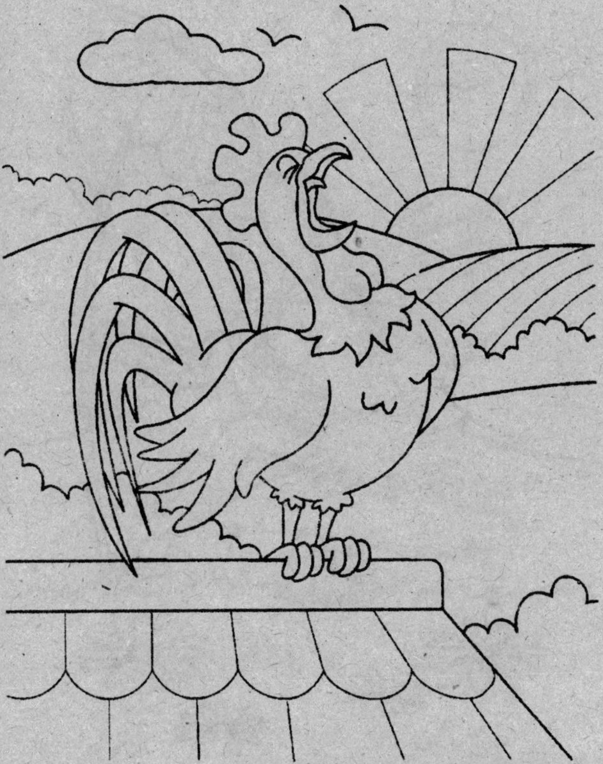

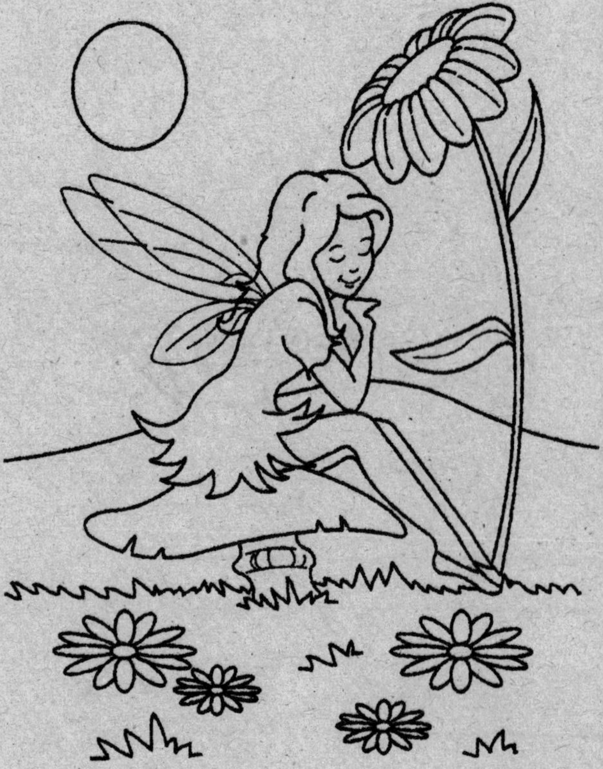

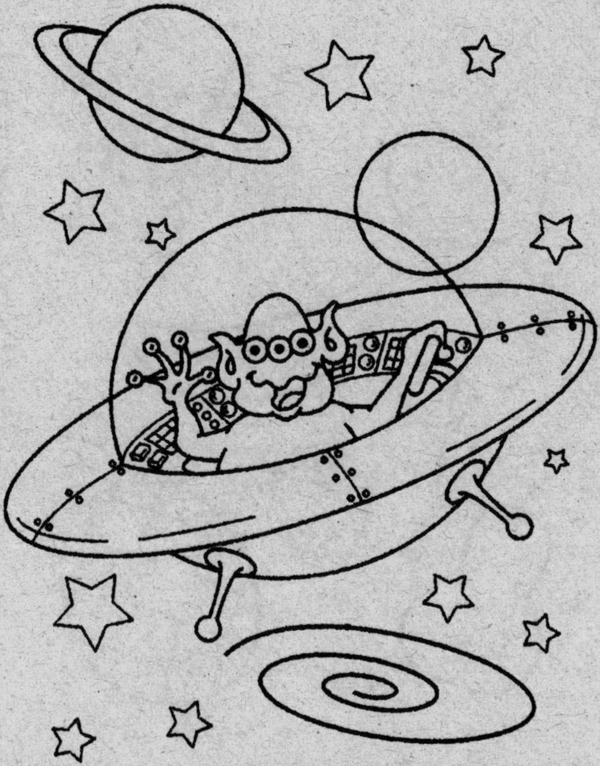

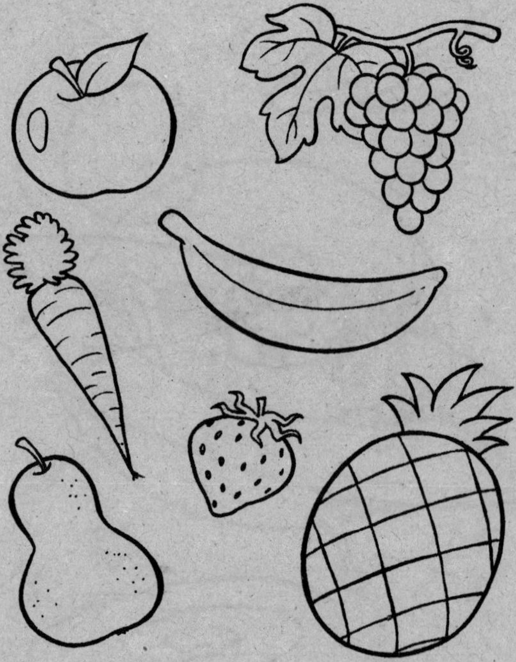

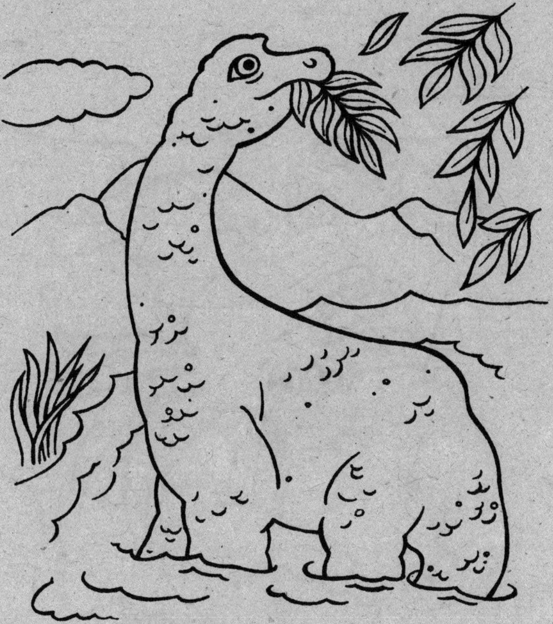

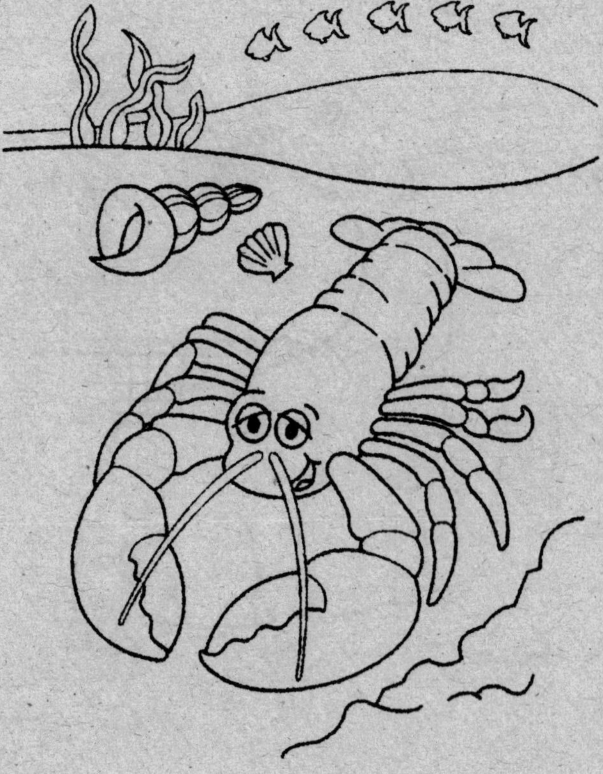

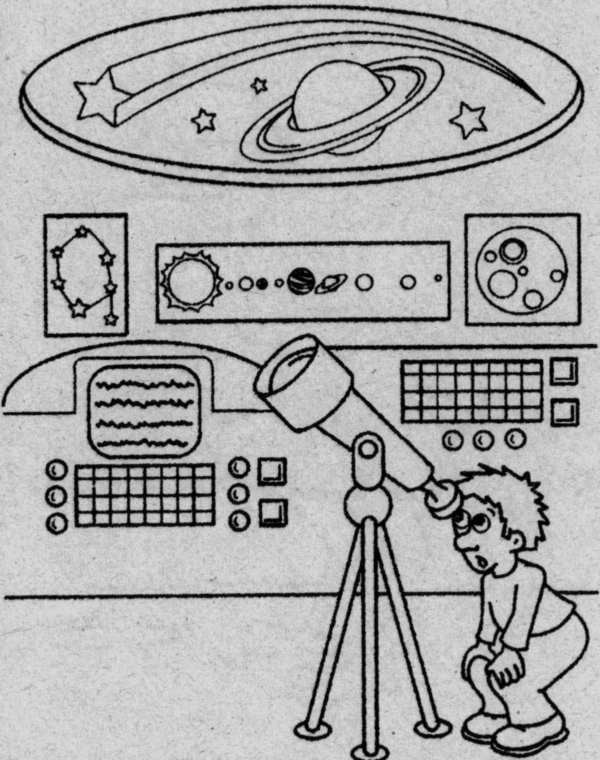

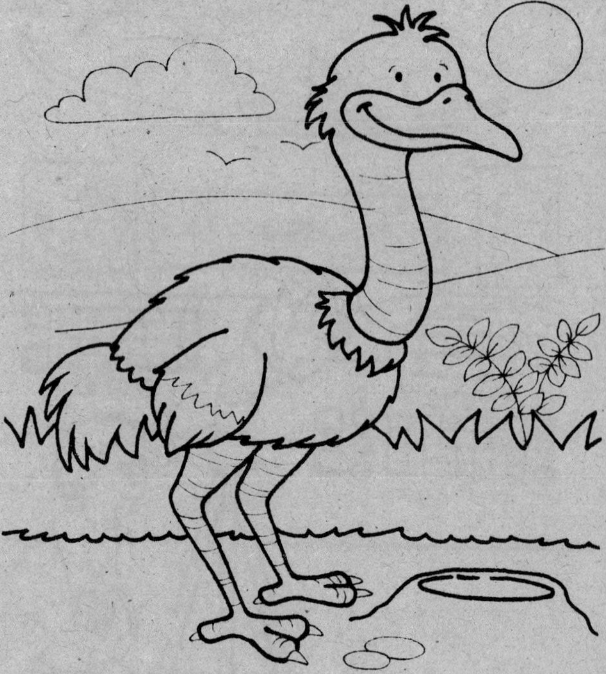

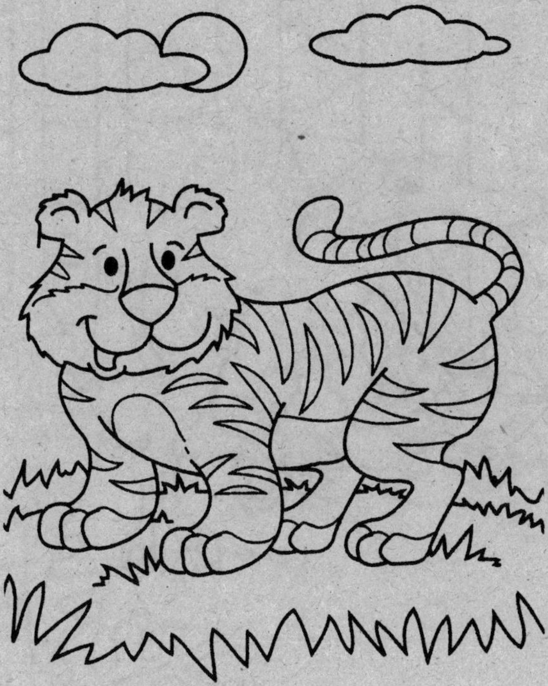

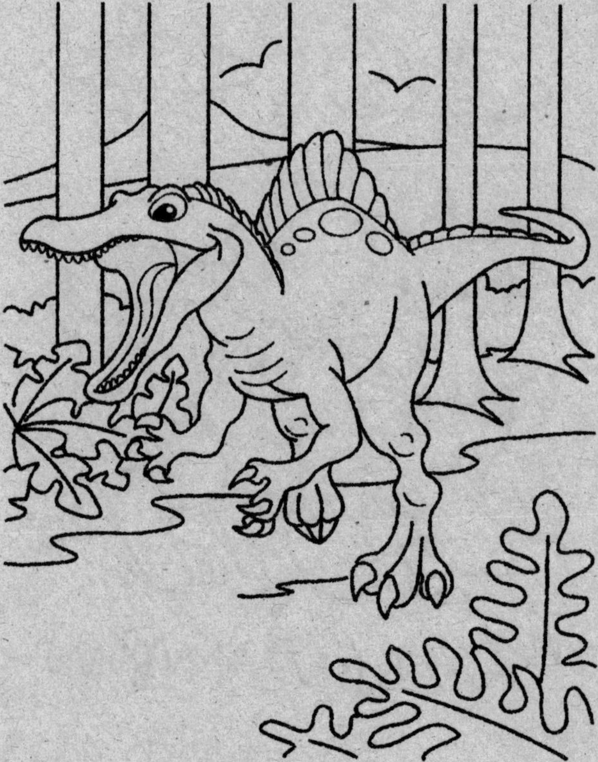

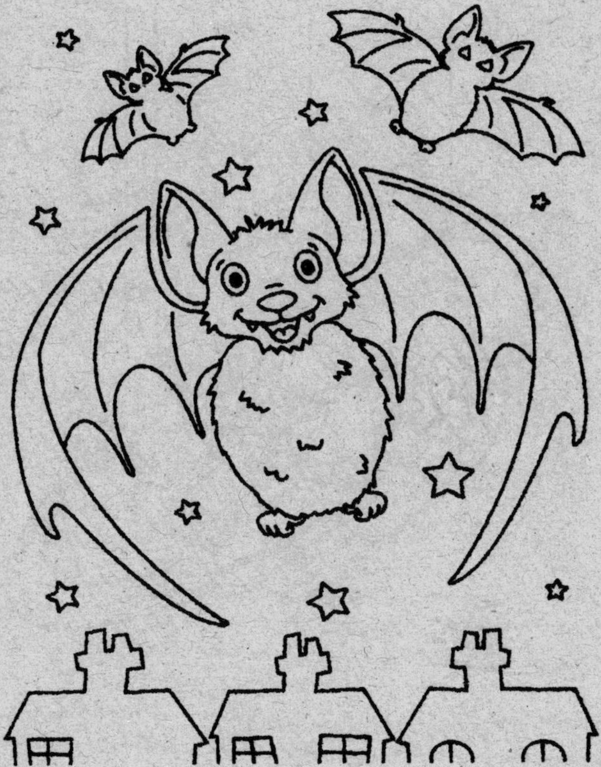

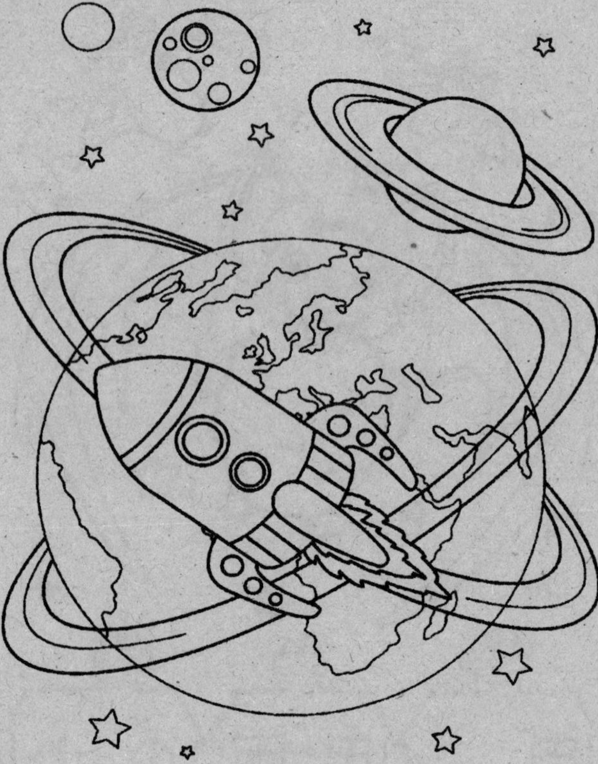